Renaud Collin

Vincent Zabus

# Le monde selon FRANÇOIS

## Le secret des écrivains

DUPUIS

Merci à Claudine pour son regard pragmatique,
à Marine pour son regard d'adolescente critique,
à Sébastien pour son regard de graphiste...
et à tous les autres regards bienveillants qui
se sont posés sur mon travail.

Renaud

Merci aux amis qui suivent mon travail et m'encouragent
depuis des années : Bernadette, Catherine, Claire, Didier, Dodo,
Dom, Étienne, Gaëtane, Gaspar, Isabelle, Joëlle, Julien,
l'équipe de "L'inédit", Lolo, Marie, Mélanie, Mik, Patrick,
Philippe, Pol, Sabine, Vincent, Xavier
et tous les autres...

Merci à Éric, Benoit, Alain, Paul, Bertrand...
les premiers dessinateurs qui m'ont fait confiance
et avec qui j'ai appris mon métier.

Merci à Étienne Schreder et à François Schuiten
pour leurs encouragements et leurs conseils.

Merci à Laurence Van Tricht et Denis Lapière pour leur confiance,
leur attention et leurs conseils.
Sans eux, cet album n'existerait pas.

Un merci plein d'amour à Arielle !

Vincent

Conception graphique : Dogstudio.be

D.2007/0089/18 — R.3/2010.
ISBN 978-2-8001-3898-5

Imprimé en Belgique.

*Cet album a été imprimé sur papier issu de forêts
gérées de manière durable et équitable.*

www.dupuis.com

À demain, mon petit chou !
N'oubliez pas de revoir votre orthographe, Les Lardons !
Excusez-moi, Madame ...
Sale petit cloporte !!! Hors de ma vue, vaurien !
Je vous avais dit de la coller !
Ça va, personne n'a rien vu !
1

Débile !
C'est débile, ton histoire !
C'est pas crédible ! Des profs qui vivent dans des casiers... T'auras zéro à ta rédac et ça, ce ne sera pas imaginaire !
...
Attends, j'ai pas fini !
Le directeur déclenche une porte secrète, il entre dans un ascenseur qui l'amène dans son bureau !
Grâce à son ordinateur central hyperpuissant, 100 gigas de mémoire vive, il sélectionne la matière de français...
2

Connection satellite... Hop! Par le casque, il l'envoie directement dans la tête de monsieur Mathieu, casier 11!
Et à la vitesse de 500 gigabytes par seconde, PAF, les données
Recicle
ROOOOOOOOL
FIN de l'histoire
BLAM
AH AH AH
AH AH AH
AH AH AH
Tu sais que tu me plais avec ta coupe banane!
Si c'est ça ta rédac', tu peux la mettre au bac comme toi! AH AH AH
DRIiiiiiiiiiiiiiiiiiiiiiING
J'avais pas fini!
Je dirais même que ça ne fait que commencer, M. Guillaume!
AIE!
AIE!

Pffui ! Deux heures de colle, c'est dur...
Marre !
Tu sais, moi, elle me plaît, ta rédaction !
Tu parles... La vie des profs après 4 heures, c'est nul... Faut que je trouve autre chose !
François !
La vie de... La vie de... Pas facile comme sujet !
Marre de marre !
La vie...

... des flocons de neige!
Tu parles d'une tête d'ange...
Vous ne pouvez pas venir plus tôt? C'est chaque année la même chose!
Vous attendez la dernière minute pour vous couper les cheveux ...
Tout ça pour en vendre plus à Noël!
Résultat: vos cheveux sont plein de pellicules!
LES FLOCONS DE NEIGE SONT DES PELLICULES D'ANGES
ZIIIIIIIP
AH AH AH
AH AH AH
AH AH AH
François!
Cette fois, j'en ai assez!

Tu te rends ridicule à force d'inventer des histoires !
C'est pour un devoir !
Et toutes les autres bêtises que tu passes tes soirées à écrire, c'est aussi pour tes devoirs ?
Il te faudrait un peu moins d'imagination et un peu plus de sérieux !
MARRE DE MARRE DE CHEZ MARRE
"Les Fabuleuses Aventures de Bob, Le poisson vert qui un beau jour devint rouge ..."
BOB
COMMENT J'AI PU ÉCRIRE DES TRUCS AUSSI NULS ?

Je jure de ne plus jamais écrire d'histoires!
En échange, je veux devenir un petit garçon comme les autres et ne plus raconter de trucs débiles!

"La vie des loutres sauvages dans nos régions" Voilà un sujet sérieux... Au boulot...
Oh non!
Les fabuleuses aventures de Bob, le Poisson vert qui un beau jour devint rouge
INCROYABLE!
Serait-ce celui que je cherche depuis si longtemps?

François, on t'attend !
J'arrive, j'ai un truc urgent à évacuer !
toilettes
Vous allez me fiche la ... !
Je ne veux plus d'histoires, O.K. ?
Héhéhé... François 1 Les Lettres 0

Allez, François, oublie ça !
Ça va être super ! On visite l'imprimerie... Toi qui aimes les livres !
Moi Adrien Osborn, célèbre écrivain s'il en est, j'ai daigné vous inviter afin que vous puissiez assister aux étapes de fabrication de mon prochain best-seller !
Photos, abrutis !
FLASH
FLASH
FLASH
Pff... Fatigants tous ces paparazzi ! Venez, les enfants !
Mais ne me touchez pas !
10

Tout le monde a compris ce qu'était une rotative ?
Pas de questions ?
IL ÉTAIT UNE FOIS LES FABULEUSES AVENTURES DE BOB ...
En direct de l'imprimerie, François se lance dans une nouvelle histoire débile dont il a le secret...
Un autre commentaire pour Radio Délire ?
... LE POISSON VERT QUI UN BEAU JOUR DEVINT ROUGE ...
AH AH AH AH AH AH AH AH
Il y a longtemps, tous les poissons rouges étaient verts. Une belle couleur qui leur permettait de se dissimuler dans les eaux vaseuses. Les poissons verts coulaient des jours heureux jusqu'au jour où Bob naquit... Il était vert lui aussi mais quand on se moquait de lui, il rougissait! En voyant cette étrange couleur, ses petits camarades se moquaient à nouveau, si bien que Bob rougissait un peu plus. Bob choisit alors de s'isoler... Un jour, Clara, une demoiselle poisson verte, découvrit Bob dans sa cachette... Elle lui sourit... Bob rougit...
11

Bel effort de François qui tente de scotcher ses ardeurs imaginaires.
Tu sais ce qu'elles te disent, mes ardeurs imaginaires ...?
Clara fut séduite par cette étrange couleur et s'approcha de lui ... Ils tombèrent amoureux et eurent plein ...
...de petits poissons verts, mais qui rougissaient chaque fois que l'on se moquait d'eux ...
Alors ?
Plus que prometteur ...
Prometteur? J'ai un urgent besoin de certitude!
12

...L'étrange couleur rouge de leurs enfants séduisit d'autres poissons verts, si bien que plein d'autres petits poissons verts qui rougissaient quand on se moquait d'eux virent le jour... Avec le temps, les poissons verts n'eurent plus besoin d'être gênés pour rougir, ils naissaient avec cette belle couleur...
Et c'est ainsi que les poissons verts sont devenus rouges ... ... ...
Qu'est-ce qui m'arrive ???
OSBORN! Espèce de raclure de bidet à l'émail ébréché...
Chut!
Le Voilà, en position!
MARRE DE MARRE DE MARRE DE CHEZ VRAIMENT MARRE!
Nul!
...de chez nul!
Il y a une multitude d'autres expressions pour signifier la colère...
Crotte de morback lyophilisée par exemple
13

...ou, chiure de mouche en crise de diarrhée néphrétique MHMH...
Lâchez-moi, j'ai assez de problèmes comme ça !
Des problèmes ??
Je raconte des histoires malgré moi et je suis ridicule !
Tu les inventes, ces histoires ?
JE SAIS PAS ! Laissez-moi tranquille, je vous ai rien demandé !
Dommage, il existait pourtant une solution à ton problème...
ATTENDEZ ! Quelle solution ?
Je pourrais t'aider à mieux écrire... et on ne se moquerait plus de toi !
Vous ?
Bonne idée !
ADRIEN OSBORN
Je l'en empêche ?!
Laisse, s'il est celui qu'on croit, il s'en sortira !
Avec lui, j'écrirai même des best-sellers !
14

IMPOSSIBLE... Monsieur Osborn travaille... Refuse d'être dérangé...
BLAM
DRIIING DRIIING
RAAA!
OUGFT?
Umfh!
UGFT! Un abruti, moi!
'Pas né, le type qui va se foutre de ma... de ma...? ??
Comment est-ce qu'on dit déjà?!
?
15

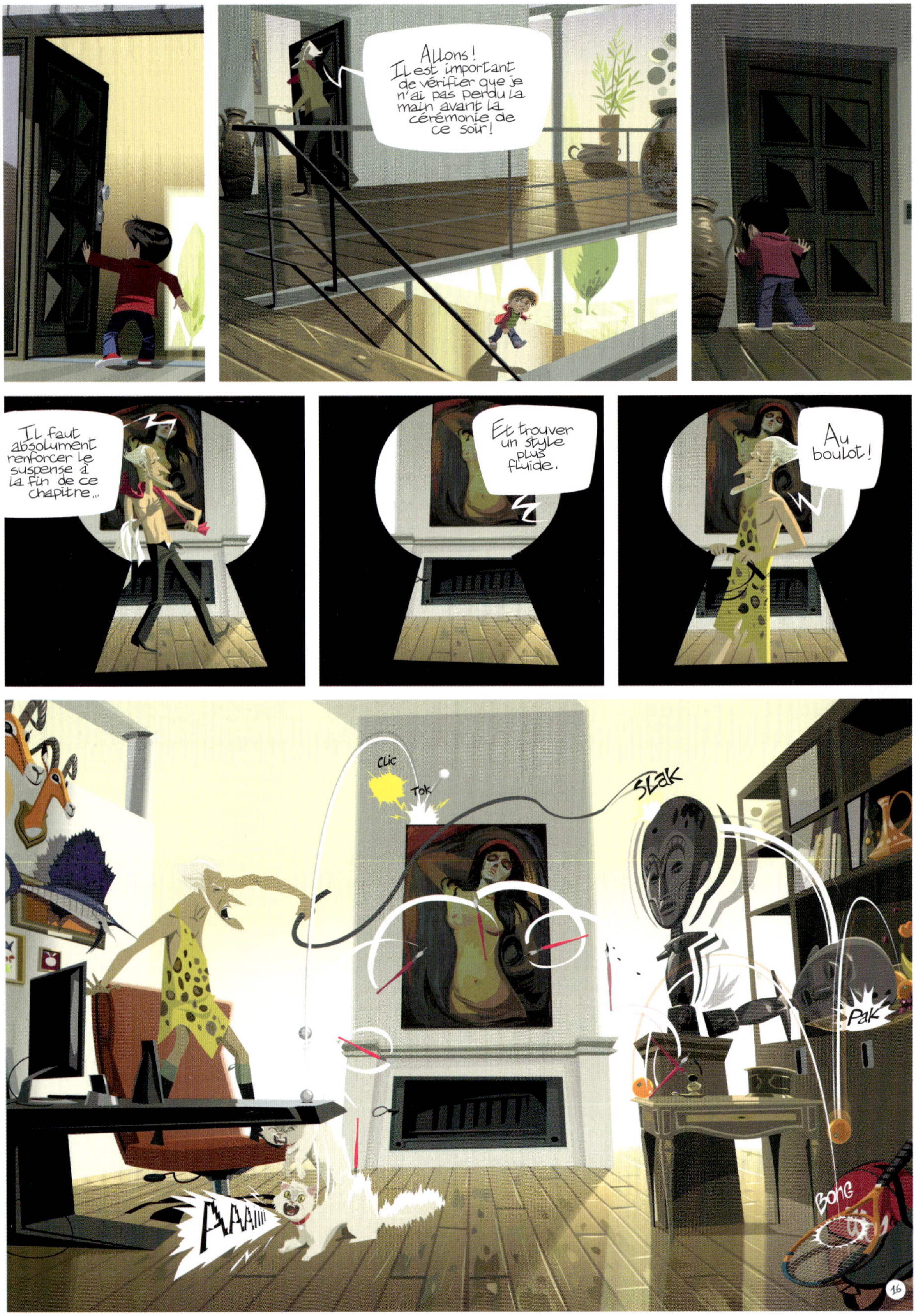

Allons ! Il est important de vérifier que je n'ai pas perdu la main avant la cérémonie de ce soir !
Il faut absolument renforcer le suspense à la fin de ce chapitre...
Et trouver un style plus fluide.
Au boulot !
CLIC
TOK
SLAK
PAK
BONG
AAAIIII
16

RRRRRRRRRRRRR
RRRR
Ça alors! Mais qu'est-ce qu'il fait?!
Il y a quelqu'un?
Jean-Claude?!
De ma...? de ma...? !!! J'en ai pourtant une comme tout le monde! ???
JEAN-CLAUDE RAMÈNE TA FRAISE!
Non, non, c'est pas "ma fraise"!
ZUT! La peinture s'est refermée !!!
Bon!
17

Vous allez voir ce que vous allez voir !
TAK
POK
SPLASH
POK
Glops !
CLIC
Reuh!
RRRRRRRRRRRRRRRR
Facile!
18

Ooh
SSSECOURS
QU'EST-CE QUE TU FAIS ici, TOI ?!
Je te reconnais, tu es le morveux de l'imprimerie!
Tu m'espionnes ?...
PAF
POK
Suis-le, et vérifie s'il sait quelque chose...

Ouf ! C'était chaud de chez chaud !
WILLIAM SHOES
François, tu fais tout pour devenir un petit garçon comme les autres, hein ??
Et qu'est-ce qui t'arrive ...?
Que des trucs débiles !
Il faut que tu ...
?!
La vieille !

Elle pourra peut-être m'expliquer !
Tout va bien, il nous suit !
Patron ? Il entre chez la vieille !
Débarrasse-moi définitivement de tous ces gêneurs !
21

À L'ATTAQUE !
PAF
POK
POK
Mission accomplie !
Bien... Nous allons enfin savoir s'il a le don !

?
LE SECRET DES ÉCRIVAINS
"La culture des Lettres, comment créer une bonne histoire..."
Ça alors !?
Les Lettres sont de petits animaux vivants gorgés d'imagination... Elles poussent sur un Lettrier.
a b c
g
Le Lettrier est un arbre magique dont on ne trouve qu'un seul exemplaire par pays.
La nuit du solstice d'hiver, les écrivains se partagent les Lettres sous la direction du Grand Alphabet.
De retour chez eux, les écrivains dressent les Lettres qui se couchent sur le papier pour inventer de belles histoires.
d a k
Pour être un bon écrivain, nul besoin d'imagination, apprenez simplement à dresser les Lettres avec amour.
S i J R
Hé héhé !
23

Interdit de Lire!
Ttt... Stop petit!
Que? Qui? Quoi?
Laissez-le, il est...
Différent des
Ôtres...
ALORS, il a le don ou pas?
Évidemment!
Non!
Jamais!
Si
Bof!
Trop petit!
Quoi?
La cérémonie a lieu cette nuit, j'ai besoin de savoir!
Facile à dire!
Peut-être, mais pas SSSûr!
STOP! J'aimerais que l'on m'explique!
24

Il y a dix ans, notre Grand Alphabet est mort...
C'est qui, le Grand Alphabet ?
Le seul à avoir le don d'imagination dans la corporation des écrivains... C'est pour cela qu'il la commande...
Pour le remplacer, j'ai prôné la patience... Il nous fallait savoir qui avait le don !
Malheureusement, Osborn a usurpé le pouvoir. Il n'a pas d'imagination mais use de sa force pour s'imposer.
Il veut publier de plus en plus et organise plusieurs cueillettes par an.
Résultat : Les histoires sont de moins en moins bonnes.
J'ai rien à voir avec tout ça, moi !?
SPLASH
SPLASH
Adieu !
25

Tu...
Je n'en suis pas certaine mais...?!
ALERTE
Tu es peut-être le nouveau Grand Alphabet !
Moi ?
CRAK
CRAK
CRAK
KOF KOF
Humpf !
26

On est foutus !
NON ! Si tu es le nouveau Grand Alphabet, tu es capable de commander à tous les objets en rapport avec l'écriture !
Super !
Euhhhh !
LIVRES, VENEZ À MOI !
SERREZ-VOUS LES UNS CONTRE LES AUTRES !
Trop lourde, je n'y arrive pas !
27

LIVRES, AIDEZ-MOI À LA PORTER !
EN AVANT, ON S'EXTIRPE !
28

ATTERRISSAGE
Terminus ! Tout le monde descend !
Vous avez vu ?
oui !
Couchés, Les Livres !
?
C'est toi !
Je t'ai enfin trouvé !
Faudrait p't'être voir à dégager c'est pas prudent de rester ici.
Cette nuit, dans L'arbre magique, se déroule la cérémonie du grand secret. Les écrivains s'y partagent les Lettres fraîchement cueillies !
L'occasion pour toi de te faire reconnaître des écrivains et de détrôner Osborn !
Mais avant d'accepter, tu dois savoir une chose.
29

Osborn est la pire des crapules. Ta vie sera en danger!
GLOUPS
Euh!
C'est que...
Mes parents doivent m'attendre...
Je dois...
Nous t'attendrons à minuit au pied de l'arbre à Lettres... DANS LA FORÊT DU CORBOIS
Non mais qu'est-ce qu'elle croit... Je veux arrêter d'écrire, moi, pas devenir "Grand Dictionnaire" au milieu de types habillés en peau de Léopard!
Aaah! François, on s'inquiétait.
Non, non, non, de chez non!
D'ailleurs, je n'ai pas d'imagination, moi!
Je n'ai qu'un ennemi à abattre!
30

OSBORN!
PAF
Clings
Clings
Clings
Un de nous deux est de trop dans cette histoire!
Fais tes prières, Osborninou!
BLAM
BLAM
BLAM
Euh... Non...! J'ai pas d'imagination!
J'en ai pas, j'en ai pas, j'en ai pas...
31

À minuit...
Pourquoi je suis venu ?
Le bois du CORBOIS
Est-ce que quelqu'un peut me dire pourquoi je suis venu ... ?
?
Si son châle est ici, la vieille ne doit pas être loin.
HOU HOU ! VOUS ÊTES LÀ ?
BROOOOOOO
32

Chers confrères, avant de partager les Lettres, je dois vous présenter quelqu'un qui a trahi notre guilde !
Oh Non !
Elle a osé parler de notre secret à un enfant...
Et elle le PAIERA DE SA VIE !
Mais avant cela, procédons au RITUEL DE DRESSAGE
LETTRES, VENEZ À MOI
JE VEUX...
33

...DE L'AMOUR !
JE VEUX...
...DU SUSPENSE !
Psst !
?
JE VEUX ...
...DE LA VIOLENCE

Ainsi, tu as osé venir jusqu'ici ?!
On ne va pas se fâcher pour si peu !
Je te condamne à rester éternellement enfermé dans cet abîme ! Tu copieras toutes les oeuvres du XIXe siècle, avec les consonnes en bleu et les voyelles en rouge ...
Et à la première faute d'orthographe, JE TE TUE !
ATTENDEZ !
Comment oses-tu m'interrompre ?!
Il est temps de rendre le pouvoir que tu as usurpé !
Je sais qui est le véritable "Grand Alphabet"
Elle est folle !
Mais JE suis le "Grand Alphabet" !
Tu t'es emparé du pouvoir mais tu ne possèdes pas le don suprême : CELUI DE L'IMAGINATION !
Je sens que ça va mal tourner !
OH, LE COUILLON ! IL SE CARAPATE !
35

Personne ici n'a d'imagination... L'imagination est une chimère que mes prédécesseurs ont inventée pour vous tromper. Notre véritable et seul talent est de dresser les Lettres !
QUELQU'UN ICI A LE DON ET IL VA VOUS LE PROUVER !
FRANÇOIS, c'est à toi de jouer !
Si cet homme existe, qu'il se montre !
S'il te plaît !
Alors, où se cache ce gén...?
ici !
Je suis le nouveau Grand Alphabet !!!
?
?
?
?
?
AAH AAH AAH AAH AAH AAH AAH AAH AAH AAH AAH
36

Je
Je...
Je...
Je
Saisissez-vous du gamin ! Nous allons régler définitivement son sort !
FRANÇOIS ! Vas-tu laisser les autres décider de qui tu es ?
CROK
LETTRES ! Rebellez-vous contre tous ces écrivains qui vous exploitent !
DIDJU !
JAMAIS ELLES N'OSERONT SE DRESSER CONTRE MOI !
Confisqué !
TCHAK
LETTRES, VENEZ À MOI !
37

Pff! Et alors?
Les i, bourdonnez à leurs oreilles. Les M, fermez-leur la bouche! Les T, frappez-leur la tête!
Maintenant, toutes ensemble, je veux...
...BOB LE POISSON VERT!
Hop!

EN AVANT, BOB ! Sus à l'ennemi !
POF
PAF
POK
TAK
PAF
POK
C'est bien, Bob !
Et c'est à moi que l'on reprochait d'utiliser la force !
Où est ton fameux don d'imagination ?
Vas-y, François, ne nous déçois pas !
Mmh... Il était une fois ...
39

... un petit garçon atteint de leucémie. Le papa a toujours été fort occupé, mais depuis que son fils est malade, il prend le temps de lui raconter une histoire !
Chaque jour, cette histoire connaît de nouveaux rebondissements...
Trois Anglais ont sorti leur sabre face au capitaine Crook !
"Cette fois, corsaire, on aura ta peau !"
SPIROU
Mais le papa arrête toujours son récit au moment où le héros est en périlleuse situation.
Et puis ?!
AAH... Je raconterai la suite demain !
Et si je meurs cette nuit ??
...Tu ne connaîtras pas la fin !
Alors, je ne mourrai pas... Au moins jusqu'à demain !
Cette envie de connaître la suite et l'amour de son papa aident le petit garçon à se battre contre la maladie... Mais un jour...
Son état a empiré !
Le papa n'abandonne pas l'histoire, au contraire !
Vous allez me laisser entrer ?!
40

Il ne sera pas dit que le capitaine Crook a abandonné son moussaillon préféré dans la difficulté !
Je suis venu t'aider à te débarrasser de tes ennemis !
PARTEZ D'ICI, SALES ANGLAIS !
Vous n'arriverez pas ...
...à tuer le plus valeureux marin des Caraïbes !
Et maintenant, je veille sur toi !
L'enfant a finalement guéri ! Grâce aux médecins bien sûr... mais aussi grâce à l'histoire de son papa...
HOPITAL
De retour à la maison, les aventures du capitaine Crook continuent...
Ce jour-là, deux frégates...
Non, cinq...
Cinq frégates bloquent la route du plus fameux des corsaires !
Aujourd'hui, le papa est devenu très vieux, trop vieux pour inventer la suite de cette très longue histoire. C'est son fils qui s'en charge. Tous les jours !
Quand le fils est absent, ce sont ses propres enfants qui racontent la suite à leur grand-père.
41

Le papa est devenu si vieux qu'il a eu plein de maladies qui auraient déjà dû le tuer depuis longtemps...
Mais sans que les médecins ne se l'expliquent, il continue à vivre...
CLAP CLAP CLAP CLAP CLAP CLAP CLAPCLAP BRAVO CLAP CLAP CLAP CLAP CLAP CLAP CLAP CLAP
Snif... Snif...
?
OUGH!
PAF
ÉCRIVAINS ...!
PLUS JAMAIS vous ne dresserez les lettres de force!
Cultivez-les avec patience et respect, comme vous l'avez toujours fait...
On se retrouvera, François, je te le promets...
42

Au revoir, Maître!
Euh... Salut!
?
Que se passe-t-il, François?
Je suis très heureux d'avoir de l'imagination...
Mais?
...mais, je me sens trop petit pour devenir Grand Alphabel.
Vous comprenez, j'ai envie de vivre plein de trucs avant de m'occuper de l'arbre à Lettres, des réunions et... et...
François!!!
Ne t'inquiète pas, je remplirai tes fonctions jusqu'au jour où tu te sentiras prêt...
Merci!
43

Tu sais d'où viennent les nuages?
Allez, le v'là reparti avec une de ses histoires débiles!
Thomas, laisse-nous. Si les histoires de François t'ennuient, moi, elles me plaisent!
Allez, laisse-les! On s'en fout de toute façon!
Mais quoi?!
Qu'ils se moquent, maintenant je m'en moque!
Alors, les nuages...
J'ai appris des choses qu'ils ne sauront jamais!
Ce sont des nains aussi légers que des oiseaux qui les fabriquent avec une énorme machine.
Par exemple, qu'il n'est jamais ridicule de faire ce que l'on aime...
Je m'en suis rendu compte un jour où j'ai eu un accident d'avion. L'appareil s'était coincé dans un nuage.
...Et je sens que la vie me réserve encore des surprises...
En fait, les nains avaient mis trop de poudre dans les nuages qui étaient trop durs... Lorsque je rencontrai le roi des nains...
FIN
Vincent Zabus & Renaud Collin
44